JN409454

思江詩鈔

思江詩釣

김사강
시집

신아출판사

‖ 감사말 ‖

番番
신세를 지지만 欣快히 아낌없이
도움을 주시는
新亞出版社 서 정환 사장님께
感謝드린다.

峭命思江

— 작은 詩論

詩와 詩人 그리고 讀者

詩라는 것은 낯설음으로의 旅行이다. 그 未知에 對한 설렘과 好奇心 그리고 若干의 漠然한 두려움에서 오는 衝擊이다. 詩人은 讀者들을 未知의 世界로 引導하는 案內者라 할 수 있다. 하지만, 그 世界에 對한 어떤 說明도 하지 않고 但只 보여줄뿐이다. 未知에 對한 想像이나 體驗과 判斷은 讀者 箇箇의 몫이다

詩란 무엇인가?

詩의 條件은 무엇인가? 여기 披瀝하는 것은 個人的인 생각일뿐 正答이 아님을 밝혀 둔다. 이는 世上 어디에도 詩라는 것이 이것이다. 斷定 할 수 없는 것이 詩가 그러하듯 理論 또한 紛紛하고 詩人마다 理論家마다 다른 理由에서다. 但只, 여러 詩人들이 쓰는 詩에서 共通點이 있다는 그 뿐이다.

第一은 낯설게 하기다.

낯설게 하기(defamiliarization)는 形式主義批評家(formalists)들이 主張한 것이다. 素材, 主題, 題目, 表現이 모두 嶄新하고 낯설어야 한다는 것이다. 獨創性을 강조한 것이다. 사람들은 새로운 것에서 好奇心을 느낀다는 것이다. 낯설게 하기를 論 할 때 似而非陳述을 지나칠 수 없다. 似而非陳述(pseudo_statement)은 現實에서는 거짓이지만 詩에서는 眞實인 것이다. ex〉햇살이 성큼성큼 걸어 들어온

다. 卽, 現實에서는 햇살이 걸어 들어 올 수는 없다. 하지만, 詩에서는 可能하다는 것이다. 眞實인 거짓이다. 創作의 生命은 表現의 斬新性과 낯설기가 先行要件이다. 다만, 警戒할 건 無謀한 낯설기가 아니라 누구나 共感 할 수 있는 共感帶를 이룰 수 있어야 한다는 것이다.

詩라는 것은 隨筆이나 小說 같은 他 장르에 比하여 親切度가 많이 떨어진다. 他 장르는 詳細하게 纖細하게 讀者들에게 說明도 해주고, 아주 쉽게 읽고 즐기게 하지만, 詩라는 것은 讀者들이 經驗한 體驗한 것들과 想像으로 스스로 느껴야 하는 것인 것이다. 詩人은 絶對 親切하게 說明하지 않는다는 것이다. 따라서 讀者들이 한 詩를 읽고서 서로의 反應이 따로따로 다르고, 느끼는 것, 感動度도 各自 다른 것이다. 이는 詩에서의 含蓄美 때문에서다.

第二는 含蓄美다

含蓄美라 함은 含蓄的 比喩的 意味에 內包된 이미지와 聯想心理에 依하여 再生되는 想像의 아름다움이다. 語意에는 指示的 意味인 辭典的 意味와 文脈意味가 있고 , 含蓄的 意味가 있다.

詩語는 指示的 意味와 含蓄的 意味가 形成하는 適切한 緊張을 同伴해야 한다. (科學者는 물을 H_2O라 하고 詩人은 소곤거리고 살랑거리고 잔잔하고 푸르다) 한다. (이슬 젖은 눈망울)에서 이슬은 辭典

的 意味에서 공기 中의 水蒸氣가 찬 物體에 닿아 식어 엉긴 물방울이다. 文脈意味로는 눈물이고 含蓄的 意味에서는 맑고 애잔한 슬픔인 것이다. 이처럼 指示的 意味에 덧붙어 다니는 聯想(association)을 含蓄的 意味(connotation)라 한다. 詩語에서는 含蓄的 意味가 큰 比重을 차지한다. 含蓄的 意味 卽 聯想은 詩人의 體驗的 事實과 깊은 關聯이 있다. 聯想心理學者들이 말하는 聯想의 그물組織이 그것이다. 聯想의 그물組織(associative network)이란 어느 特定한 사람이 갖는 生涯와 그 體驗의 過程을 通하여 얻는 聯想의 心理體系를 말한다.

第三은 心象(image)이다.

이미지(image)란 어떤 말을 듣거나 읽거나 했을 때 聯想作用에 依해 마음속에 떠오른 事物이나 그림이다. 어떤 事物이나 單語나 靈的存在, 보이지 않는 어느 것에도 이미지라는 건 다 있다. 다만, 하나의 것을 놓고도 서로가 느끼는 이미지는 다를 수 있다. 이는 過去 體驗과 經驗이 그리고 서로의 想像이 생각이 다른 理由에서다. 하지만, 普遍的으로 이미지는 共感帶를 形成하고 있다고 해도 無妨하다. 詩人 金光均의 (詩는 繪畵다)라는 말이 곧, 이미지를 代辯한 것이라 할 수 있다. 英國의 詩人 T.E 흄에 依해 이미지즘(imagism)이 생겨나고 心象派(imagist)가 생겨난 것은 이미지를 强調한 繪畵性 詩를 主로 써서 그런 것이다. 視覺的 덧칠을 한 詩를 쓰면서 이미지를 强調했고, 聽覺的 觸覺的인 것에까지, 해서 나온 修辭法이 共感覺的 이미지의 比喩인 것이다. 共感覺的 이미지란 五感이 느끼는 感覺的인 이미지를 混合하여 同視空間에 表現하는 技法으로 詩人 金光均의 詩를 보면 더욱 도드라져 보인다. 例를 들자면 外人村의 마지막 部分에서의 (噴水처럼 흩어지는 푸른 鐘소리)처럼 푸르다는 視覺과 鐘소리의 聽覺이 한 空間에 共存하고 있다. 이처럼 混在된 表現을 共感覺的 이미지라 한다. 이미지즘은 1917年 第一次世界大戰 前後 二十年代에 유럽 스위스에서 傳統的 形式의 破壞와 否定을 標榜하고 생겨난 다다이즘(dadaism)과 超現實主義(surrealisme)에 큰 影響을 주었다. 우리나라의 三十年代의 모더니즘(morderniam) 運動 또한 이미지즘의 一脈이다. 우리의 代表的 이미지즘 詩人에는 李箱, 金光均, 金起林 等이 있다.

第四는 動機(motive or motif)다

이는 詩心 卽, 詩를 불러일으키는 생각, 느낌, 興趣다. 詩를 쓰고자 하는 마음인 것이다. (詩論은 時代에 따라 바뀌고, 詩風 또한 달라지니, 詩라는 것은 有機的이어서 恒常 바뀌는 것이니, 定하여진 건 아무 것도 없다. 다만, 詩를 하려는 마음, 그것이다.) 어떤 詩人은 靈感으로 詩를 쓴다하지만, 나의 생각은 다르다. 詩라는 것은 쓰고자 할 때 써지는 것이지, 쓰고 싶은 마음이 없으면, 나오지 않는 것이 詩다. 勿論 靈感을 받아서 쓴다하자, 그런 詩人이라면 平生 얼마나

靈感을 받을 것이며 몇 篇의 詩를 쓸 수 있겠는가. 하여 詩라는 것은 쓰고자 하는 마음이 생기면, 써지는 거라고 생각한다. 그것이 詩心이다. 쓰려고 하는 마음, 單純히 보는 것이 아니라, 關心을 가지고 觀察하는 習慣 속에서, 詩라는 것은 써지는 것이라 본다. 어떤 일에 든 動機는 있기 마련이다. 生活 속에서 외로워서, 슬퍼서, 기뻐서, 아름다워서, 괴롭고, 쓸쓸하여서, 艱難해서, 아파서, 等等, 詩人이 詩를 쓰는 것은 但只 詩를 쓰는 것이 아니라, 쓰려는 마음이 있어 쓰는 것이고, 生活, 社會, 自然, 宇宙, 神의 領域까지도 觀察하면서, 그러다 보면 저절로 생겨나는 것이 詩心이 아닐까 생각한다. (世上에는 보는 이는 많아도, 觀察하는 이는 드물다.) 라는 말이 있다. 觀察에서 詩心이 생겨나는것, 그게 靈感이 아닐까 싶다. 우리 周邊에는 詩의 씨앗이 널려 있다. 關心만 가진다면 얼마든지 그대들 가슴으로 들지 않겠는가 싶다. 詩心은 누구에게나 다 있다. 詩는 줍는 것이다. 詩心이 있는 그대가 詩人이다.

第五는 蛇足이다.

蛇足은 뱀에게 不必要한 다리를 만들어서 거추장스럽게 하고 不便하게 하여 敏捷한, 날렵한 몸의 均衡을 빼앗아 自由롭지 못하게 하는 짓이다. 卽, 詩에 있어서도 蛇足은 適用된다. 不必要한 說明이나 反復 그리고 어울리지 않은 表現, 어울리지 않게 치우친 强한 表現 等은 未練 없이 도려내야 한다. 그렇지 않고 아깝다고 未練을 두고서 그대로 둔다면 詩는 살지 못한다. 죽은 詩가 되고 만다. 蛇足은 癌 덩어리나 다름이 없다.

第六은 素材, 題材, 主題이다.

素材는 글의 으뜸이 되는 材料로, 詩人의 눈에 비친 對象, 自然物, 社會環境, 人物의 行動, 感情, 觀念 等. 自然, 人間, 神의 問題.

하르트만(N.Hartmann)은 素材를 物(Ding), 生(Lebens), 心(Seele), 精神世界(Geist_welt)로, 수리오(E. Souriau;)는 物質的 存在, 現象的 存在, 假構的 存在, 超越的 存在, 等으로 나눈다.

題材는 素材인 對象이 지닌 屬性 中 詩人이 選擇한 것, 또는 話題.

主題는 核心이 되는 意味 또는 中心思想.

題材에 意味附興, 價値評價를 내려 글의 動機 및 統一的인 基本理念으로 삼은 것.

主題를 道德的 命題, 哲學的 觀念, 現實의 變容, 自然에의 對應 等으로 統一的인 基本理念이나 意味를 細分하기도 한다.

— 詩瑚林 草天齋에서

峭命思江—

목차

思江詩釣

소리

소돔에서
고모라에서
들려

소리
스마트 폰
안에서
귀먹은
눈물이

只今
바벨塔이
무너지는 아우성

言語가
뭉개지고
깔린 믹써기가
윙윙윙
갈리고 깨진 울음
소리

모니터에
피카소의 抽象畵가
찢겨지는 混沌
소리

하늘은
귀를 막다.

불의 고리

베란다 故障난 洗濯機가
덜덜덜 떨면서
힘겹게 빨래를 하는데
뉴스에 日本에서 地震이
强震으로 戰爭을 일으켜
眞珠灣이 불타고 太平洋에
불이 붙었다고
불의 고리 環太平洋에
日本에서 일어난 地震이
내 베란다 故障난 洗濯機가
떨어서 그런 빨래를
왜 그리 힘들게 하냐고
아내가 洗濯機를 바꾸라고

老人

孫子 녀석이 할머니는
왜 허리가 굽었어?
왜 지팡이를 짚고 다녀? 묻는데
녀석도 참, 그런 너는 어제까지 왜
네발로 기어서 다녔느냐.
할머니는, 내가 언제 네발로 다녀
孫子 녀석, 記憶이 없다
孫子 녀석처럼 내 記憶도 稀微해지겠지만
나도 한때는 두발로 걸었지
언젠가 孫子가 그랬듯이
네발로 기어서 다닐지도
孫子의 머리를 쓰다듬다.

汽車

今方
내 곁을 스쳐 지난 汽車가
길바닥에 널브러진
車에
치인 배암이라고
누구랄 것 없이
사람이 없다는
緊急한 心臟소리가
하늘에 걸치고
비 내리는
鐵橋에
흥건한 葬送曲이
바지가랑이를 적시다.

거위 술 醉한 날

떨어진 해를
주워 먹은 건 거위라고
그래서 밤이라고
記憶이 稀微한 거리에서
記憶은 抑止스럽게
옛날 어릴 적 童話였는데
지나는 사람마다
거위가 먹었다고
떨어진 해가 어디서 나오는지
確認하자고
그리고
눈을 감았다 떴는데
東部市長
똥 싼 바지 洗濯하는 날이다.

自畵像

지나가는 발소리와
멈춰선 발소리가
거울 앞에 刹那에 스치는데
거울에 비치는 건 나뿐이다
누구였을까
分明 발소리가 들렸는데
주위를 둘러봐도 나뿐이다
거울 속을 들여다보다
거울 속 멀리
사내 하나가 멀어져가고 있다
누구였을까
지나가는 발소리가 멀어지고
거울 앞에는
나 혼자였다
거울 속의 내가
거울 밖의 나를 보고 있다.

길고양이

고양이하고 라디오하고
무슨 相關이 있을까
아무런 相關이 없다
相關이 있을 수 있다
論爭을 하는데
어제 본 고양이가
배가 고픈지 운다
야아옹 야아옹
그 때 라디오에서 흘러나는 소리
야아아옹 야아아옹
라디오 속 고양이도 배가 고픈가 보다했는데
뉴스가 흘러 나왔다
길고양이를 虐待하고 심지어는
殘酷하게 죽여서
保身으로 먹는다는
라디오 속 고양이는 恐怖에 울고 있었던 게다.

雜草

山에 나무가 보기 좋아
山에 나무를
花盆에 옮겨 심었는데
시름시름하더니
죽은 듯이 있다가
살아나는데
花盆에
어디서 날아 온 雜草가 자라서 있어
그 雜草를 뽑자하다가
나무 혼자서
외로울 것 같아
그냥 두었네
나무가 죽은 듯 있다가
살아 난 것이
그 雜草들의 慰勞인 듯 하드라.

어미

사람이 나는 건
어미 뱃속에서 나고

世上 살다가
世上 살다가
힘들면 어미 품에 안기고

사람이 죽으면
어미 뱃속으로 들어간다

사람이 죽어서
山에 가는 건
그 어미가 죽어
그 山에 있어서라네.

家系圖

나는 나의家系圖를
記憶하지 못한다.
아니 모른다.
하지만 先祖들의 王이었던
王들의 系譜는 줄줄이 꿰고 있다
治積을 읊조리고
그들을 속속들이 다 아는 것처럼
그게 자랑인 듯
歷史時間에 王의 來歷을 알고
지나온 興亡盛衰의 求心點에 있었던
偉人들을 알고
그러면 되는 줄 알았다
정작 알아야 할 나의 家系圖는
진짜 나의 歷史는
失踪되었다.

話頭

山에 가면
山이 좋고
물에 가면 물이 좋아라

내 아내가
山에 오르면서
내게 하는 넋두리

大禪師
성철스님의 平生 話頭

山은
山이요
물은 물이로다.

江南驛에서 1

아무도 없었다고
아무도 없었다고
사람이 없었다고
한 女子만 있었다고
사람이 없었다고
짐승만 있었다고
그 時間에
내가 아니었을 뿐
한 女子만 있었다고
江南驛에
汽車도 다니지 않았다고
사람도 없었다고
한 女子와
한 짐승만 있었다고
내가 아니었을 뿐
한 女子를 한 짐승이
잡아서 난도질해 먹었다고.

江南驛에서 2

뭉그러진 하늘이
鷄卵을 굴리 듯 한 女子가
料理를 하는 혀가 후라이팬에서
익어 간다고 쇠똥구리처럼
굴리고 가는 하늘이
뜨거워지고 날이 더운 건
鷄卵말이처럼 익은 骸骨을
우려서 먹어서라고 미끄러지듯이
넘어가는 혀가 江南驛에서
우리는 運이 좋았다고
運이 좋았을 뿐이라고
한 女人이 江南驛에서.

나뭇잎 배

나뭇잎 배 하나가
航海를 한다
季節을 잊고서
모든 걸 내려놓고
忽然히 航海를 한다
碇泊地도 定하지 않았다
江물이 흐르는 데로
바람이 이끄는 데로
慾心도 없다
어디 머무는 곳이
安息處
생각의 江물은
흐르고
無心하다
나뭇잎 배는
江이 되고
바람도
無心하다.

풀의 속삼임

내가 돌부리에 걸려
넘어졌을 때
작은 풀이 내게 속삭였지
나는 絶代 넘어지지 않아
强한 바람에도
다만 흔들릴 뿐이지
내가 猖披함에 벌떡 일어서자
작은 풀이 내게 속삭였지
넘어지는 건 부끄러운 게 아니야
부끄러운 건
다시 일어나지 않는 거지
나는 바람이 불면
바람처럼 납작 엎드렸다
바람처럼 일어서지

바람은 그냥 지나갈 뿐이야.

까치집

教會 尖塔 꼭대기
十字架 아래
까치가 집을 지었다

禮拜堂에서는
牧師가 說教를 하고
사람이 說教를 듣고

까치집에서는
十字架에서 예수가 내려와
說教를 하고
까치가 說教를 듣는다.

汽車

精神이 뭉그러지는 소리가
汽車가 브레이크를
잡았을 때 두個의 鐵路 사이로
냇물이 흐른다는
아이가 물장구 치고
고기들이 노니는
하늘이 내비치는
조약돌 구르는 소리가
머나 먼 故鄕에 다 왔다고
汽車는 멈추었다.

便紙

막걸리 한 盞 하고서
돌아서 오는 길에
花草들 中에
絶壁에 서 있는 花草가 내게
하늘거리는 건
바람의 손짓이 아니라
이미 씨앗 아닌 아이가 벼랑에 있다고
救助要請이었어
손 뻗어 씨앗을 구했지
搖籃에 내 갓난아이 때 그때처럼
便紙封套 속에서
어미의 便紙가
아기에게 젖을 물렸다.

曼茶羅

한 親舊가 있었지
아주 아픈 親舊
山에서
옮겨온 나무 한그루
山이 몹시 아파했지
그 親舊는
山이었지
내가 옮겨 온 건
花盆에 옮겨 온 건
山이었지
그리고 山은 山이었지
山이 꽃을 피웠는데
曼茶羅
親舊가 보내 온건
曼茶羅 꽃이었네.

設計圖

圖面에는
分明 튼튼하고 아름답게 實用的으로
設計되었을거다
뼈대도 充分히 的當한 곳에
살도 配合이 잘되어 强한
世事風波
地震에도
비바람에도
火魔에도
어떤 衝擊에도
歲月에 시달려도 무너지지 않는

不實했을까
아킬레스의 어미처럼 失手였을까
내 몸뚱어리가 虛弱하다
날림으로 지어진 不實工事였을까

언제 三神할매더러
設計圖面를 달래서 보겄다.
安全診斷이라도 받아볼까

달

하늘에
별빛이 곱다

낚싯대 드리운
江바닥에

달이 밝다
물속에 달이 밝다

하늘에
달이 없다
달이
江물에 빠졌다

낚싯대
찌가 오르고
달의
입질이다

낚싯대를 들어 올리자

팔덕이며
끌려오는
달.

食口

나는 家族이 아니라
食口가 좋다

世上에 사는 理由는
따로 없다
巨創할 것도 없다

하루
三時 세끼니 먹는 거

食口로 어우러져
잘 먹고
잘 싸면 그 뿐

世上은
家族이 아니라
食口가 必要하다

조금 村스러우면 어떠리
따스한 情이면 그만 아니랴.

無所有

아주 느리게
아주 더디게

平生
慾心이 없지

하늘이 지붕이고
땅이 잠자리지

깊은
숲
민달팽이는

게으른 게 아니야
제 할 일 다 하지

하지만
無所有의 삶을 살지

分明

法頂스님의 山中說法
無所有의 法文 을 듣고 산거지
아마도
法頂스님이 아끼던 上佐僧일지도.

利文

利文이 없으면
사람들은 만나지 않는다

만나고
헤어짐도
利文이 있고 없고다

離合集散
利文을 좇아서
살다가

늙어지면
비로서
親舊를 찾는다

하지만
親舊는 기다려주지 않는다

精算을 해보면
結局 損失이 크다

남는 利文이 親舊라는 걸
깨달았을 때는

카인의 돌

유난히 빨간 帽子를
눌러 쓴
돌 하나가

낚싯대 드리운 江 건너
갈대 숲 너머에서

비가 오는데
그 비를 온 몸으로 다 맞고 있었지

카인이
아벨을 쳐 죽인 돌이
저 돌일지 몰라
비에 젖고 있었지
카인이었을지도 몰라

내가
낚시를 끝냈을 때는
비가 그치고

그 돌은
痕迹도 없이 사라졌어
불어난 물살에
몸을 던진 걸까
카인이었을지도 몰라.

韓屋마을에서

지나는 女子
지나는 男子
거리에는 男子
거리에는 女子

참 사람도 많다

하나
둘
세다가

참 사람도 많다

세다
세다

배가 고파
南部市長 순대골목에서
국밥
한 그릇 먹다.

꽃

꽃은 언제나
벌려 있다

언제나
벌과 나비를
부른다

벌과 나비는
꿀을 빨아먹고

꽃은
애를 낳는다

벌과 나비가
들면

꽃은
가슴을 벗고
가랑이를
꽃은 언제나
벌려 있다.

꽃

봄 한때
사랑한 罪로
꽃은
애를 낳았다
꽃은
애를 낳고도
봄이 오기를 기다렸다
나비와 벌이
빨던 젖가슴이 설래서
저절로
벌어지는 가랑이가
후끈거려서
알몸으로 뒹굴던 살내음에
꽃은
긴 겨울을 自慰한다.

꽃

꽃은
香氣로
옷을 벗는다

나비는
벌은
香氣에 醉해서
옷을 벗는다

벌은 나비는
꽃은
알몸으로 섞여서
사랑을 한다

꽃

사랑이라 하자
사랑이라 하자

하루 낮
하루 밤

그 밤이
그 낮이
부끄럽게 사랑이라 하자

알몸 섞어
하늘이 모르게
애를 만들던

그날을
그날만 사랑이라 하자.

꽃

꽃이
옷을 벗어 알몸으로
벌 사타구니가
빨대처럼
꿀을

벌도 옷을 벗고
꽃도 옷을 벗고

어디 숲

알몸으로
알몸으로

꿀을 빨다.

꽃

꽃이
옷을 벗고
治粧한 옷을 벗고
거리로

가랑이 사이로
꿀이 흐르는
濃艶한 몸으로
웃음을 흘리는

痲藥이었다.

痲藥에 醉해서
나비는
벌은 알몸으로
바지를 내려 벗고
빨대를 꺼내
꽃
隱密한 그곳에 꽂고
꿀을 빨았다

꽃은
낮이 恍惚했다
밤이 恍惚했다
交尾하는 거리가 알몸으로
꿀맛이더라.

아내, 아내여

내 마누라는 처음부터
예뻤다

歲月이 흐르고
날이 흐르고
달이 흐르고
구름이 흐르고
물이 흐르고

그래도
내 마누라는 처음처럼
예쁘다

魔術처럼
웃기는 건
只今도
내 마누라가 예쁘다는 것이다

只今도
내 눈에는

예쁘다는 것이다
아무래도
來日 해가 들면
眼科에나 가 볼란다

젊은 날
쒸어진 콩깍지가
只今도 벗겨지지 않았나 보다.

詩, 그딴 거

그따구로 쓰지 말라 했지
詩라는 거

처음 詩集을 읽어보라 했지

詩라는 거
別거 아니라는
처음
첫 詩集에 쓴 詩가 詩라고

말 많고 說明 하나 하나
하려면
말 많은 글

그따구로 詩 쓰지 말라고
그따구로 詩 쓰지 말라고.

膾집에서

펄떡거리는 목숨
今時 펄떡거리던 心臟
瞬間 亂刀질에
횟감이라니

裝飾으로 나오는 머리
눈이 말똥말똥

헌데 말이지

내 혀에 들어가는
횟감은
맛있다

불쌍하다
처음 마음 잊고서
맛있다
나중만 남았어라

殘忍한 맛이어라

접시에 내 머리만
덩그러니 裝飾으로 남았다.

아내에게

당신이
더
아팠으리

아프다고
나만 아프다고

나만 아프기
바빠서
당신이 아픈 줄 몰랐어라

나보다
당신이 더
아플 수 있다는

당신이
나보다 더
아파 할 거란 걸

당신이

더
아프다는 걸 몰랐어라

나만
아프기
바빠서.

歲月

江山은 바뀌고
바람은 지나갈 뿐이니
굳이 막으려 애쓰지 마라

물은 흐르고
구름도 흐르니

머지않아 나도 따라 흐르리.

이런 게 詩지

지 가랑이
찢어지는 줄 모르고

남
가랑이 크다고

그
흉내 내느라

지 가랑이
찢어지는 줄 모르고

내게 걸맞은 옷을 걸쳐야지
하루를 살아도
그게 幸福이지.

비오는 날에

비가 오네
비가 많이 오네

아내에게 눈짓을 한다
아내는 눈치가 없나 보다

나는
막걸리가 생각 나

비가 오네
비가 많아도 오네

빈대떡에
막걸 리가 생각 나
한 말인데

내 맘 알면서도
모른 척 하는지
대꾸도 없다
아내는 分明 눈치가 없는 게다.

하루살이의 하루

하루
人間市場에 몸을 내다 팔고
받은 돈으로

南部市場
막걸리 집에서 한 盞 하고서

紅燈街 꽃집에 간다
朦朧한 막걸리에 醉해서
꽃 사러간다

한 마리 벌이 되어
비척거리는 몸뚱어리
지친 몸뚱어리로

질척이는
밤길을 따라
분 냄새 맡으러 간다
꿀 빨러간다

막걸리 값 除하고
남은 돈으로
시든 꽃 한 송이 샀다
四萬圜이란다.

北에서 온 便紙

이제
집안싸움 그만하고
한 집에서
오순도순
家和萬事成하고
分斷이고 統一이고
그딴 거
없었던 그때처럼
於此彼
어미도 아비도 같은
한 血肉이니
집만 넓혀서
그리 삽시다.

이런 便紙가 왔으면
울타리 없이
한집에서
오순도순 그리 사는 날이
빨리도 왔으면 좋겠다

自畵像

저기 天眞爛漫
노는 아이가 나다

저기서
아이가 가지고 놀던
장난감이

歲月이 흘러
아이가 어른이 될 쯤

금새라도
부스러질 듯이 낡아서
삐걱거리는
장남감이
쓰레기 荷置場에 버려져
어디 불쏘시개로도 꺼리는

流通期限이 지나
腐敗하는
해서

아무도 거들떠도 안보는
어쩌다 마주치면
못 볼 걸 본 듯이 찡그리는
老人이 나다

老人은
무덤에서
天眞爛漫 놀던 아이를
어슴어슴
追憶한다

記憶〈5.18〉

노래하던
새 한 마리가
죽는 건
刹那였다

방아쇠를 당기는
그 瞬間
노래는 멈추고
싸늘히

自由는
피를 흘리고
平和는 쓰러지고

그리고
廢墟

記憶도
가끔은
忘却을 그리워 한다.

뫼비우스 띠

分明
처음이 있었을 거다
끝도 있을 거다
하지만
처음도 끝도 없으니

여기는 어디고
왜 나는 갇혔는가

迷路에 갇혀서 벗어날 수 없는
每日每日 反復 되는
每番 돌고 돌아도
벗어나려 해도
每日 反復 되는
艱難의 굴레

入口도 出口도 없는
뫼비우스 띠

나

내일이면
또
밥 벌러 간다.

아가의 風景畵

뭉개진 물감이
손에 발에
意圖되지 않은 어린 아가의 손과 발은
아무런 생각 없이
房 바닥에 그림을 그리고 있다
意味도, 意圖도
計劃도, 私心도 없이
그냥 自由로운 純粹였다

어른들은
말썽이라고, 잘못된 거라고
나무랐지만
아가는 웃었고, 즐거운 놀이였다

아가가 놀이에 지쳐서 잠이 들고
房 바닥엔 그림이 그려졌다

잘못된 그림이 아니라
틀린 그림이 아니라, 말썽이 아니라
純粹한 自由

어른과 다른 아가가 새근새근 잠이 든
그냥 風景 이었다.

痼疾病

나에게는
烙印처럼 지워지지 않는
버릇이 하나 있다

나의 이 至毒한 버릇이
不治病이 아니길 바라지만
이런 나의 痼疾病은
只今도 如前하다

내가
내 祖國의 地圖를 그릴 때는
옛 高句麗의 領土인 滿洲벌판 土門까지 그린다

허나
只今의
韓半島 地圖를 그릴 땐
38度線에 금을 긋는다

오랜 歲月 굳어져 가는
나의 버릇이다

옛 領土를 잃어버린 것도
抑鬱한데

나는 南北으로 韓半島를 折半 나눠
칼질을 하고 있다.

빈 房

이 작은 房에서
한 때는 북적대며 부대끼며 시끌벅적
일곱 食口가 살았다

내가
外出에서 돌아 왔을 때는
빈 房이었다
아무도 없었다

처음부터 빈 房인 것처럼

내가
돌아 와
빈 房에 나를 누이는데
零落 棺 속 이었다

나의
빈 房은 쓸쓸하였다

나도

외롭고 쓸쓸하여
빈 房을 떠났다

빈 房은 비인채로
처음부터 비인 房인 것처럼
쓸쓸하고 외로웠다.

새봄

裸木을 보니
나를 보듯 하여

한 겨울
朔風에
새봄을 기다리느니

내
未練한 慾心인가하더라

裸木이야
봄이 오면 속잎 나고
꽃을 피운다지만

이 내 몸은
來日을 期約 할 수 없느니

未練하게도
그래도

한 겨울
朔風에
새봄을 慾心 하느니.

바다 〈4.16 歲月號〉

참으로
슬픈 하늘을

오온 몸으로 품 안아
嗚咽하던 너는

참으로 슬픈
그런 하늘을 가졌구나

하늘을 찢어대던
울부짖음은
地軸을 흔들어

結局 아픔을 알아 달라고

그래
너는
참으로 슬픈 하늘을 가졌구나.

길

信號體系가 망가진
交叉路에서처럼
갈림길에서 葛藤하였다

오래는 아니었지만
짧지도 않은 時間을
나는
갈림길에서 彷徨하였다

그리고
信號體系가 再整備된 듯
나는 그때야 方向을 잡을 수 있었다

하지만
내가 選擇한 길이
잘한 것인지는 모른다

다만 되돌리지 못한다는 건 안다
그게 人生이라는 건.

길

한발 내딛는
瞬間
나는 되돌아 갈 수 없음을 알았다

되돌아보는 곳은 이미
지나간 時間들

漠然히
앞으로만 갈 수밖에 없는
只今을 살아야 하는

그뿐임을 알았다

길은 나에게
삶의 旅程

훗날
나는
길 어디쯤에서
지나온 길을 追憶할거다.

詩人 尹東柱

마도강〈間島〉벌
내가 잃어버린 땅이
네가 잃어버린 하늘이냐

날선 붓끝이
써 내린 하늘이
왜 그리 서글프냐

東柱야

바람이 분다
네 별빛이 곱구나

나는 너에게
부끄럽다.

나의 봄은

나의 봄은 남보다
나의 봄은
추웠다

그리고
꽃잎이 지고
풀빛이 바래서야

그때야
나의 봄은
올듯이 갔다

나의 봄은
恒常
겨울이다가
겨울로 넘어 간다.

까치집

敎會
禮拜堂에서는
사람들이 牧師를 讚揚하고
利文을 노려 다투고

敎會 밖
尖塔
까치집에서는
까치가 예수를 慰勞하고
예수가 까치를 慰勞하고
하나님을 讚揚한다.

오늘

只今이 아니면
나중도 없느니
다들
나중을 걱정하느라
오늘을 누리지 못하네

눈이 내리니

눈
나리니

茶 한 盞 나누기
좋은 날
아니랴

茶물
우려
기다리느니

마음 덥혀 가시게

山寺에서

般若峰
눈 쌓인 山寺에선

귀 먹은 石佛이

石鐘소리

終日

귀 대고
듣는다

눈 내리는
山寺에
소리 없는 石鐘소리에
귀가 멀다

낙숫물

無心히 흐른다 마라

只今
바위를 뚫고 있지 않으냐

살

人生은
쏜살과 같으니

바람을
탓하지 마라

한번
시위를 떠난 살은
되돌아오지 않느니

살은 죽음으로 通한다

自由

내가
自由롭게 選擇할 수 있는 것은
唯一하게

사는 게 아니라
죽는 것이다

하루하루
每日每日
조금 조금씩 나를 죽이는 것이다

내게 許諾되는 選擇의 自由
나는
只今도 나를
죽이는데 熱中이다

씨알 하나가 죽어 숲을 이루니
내가 죽어 世上 어디
무슨 나무가 되랴.

길

나는 달렸다
아니 正確하게는 쫓겼다
왜 쫓기는지 영문도 모르고
달렸다

어느 瞬間 나타난
Stop 標識版
나는 한번쯤 멈춰도 될 것 같았다

지금 멈추지 않으면
다시는 멈추지 못할 것 같은 생각에
멈춰서 돌아보니
내가 달려온 길이 氣막히더라

暫時 쉬어
汨沒해 보니
내가 나를 쫓고 내가 逃亡하였더라

멈춰서 돌아보니
사는 게 다 그런 거더라.

母岳山

내가
어미 뱃속에서 나와
暫時 散策을 다녀온다는 것이
暫時 길을 잃어 헤매다가
돌아 왔을 때는
어미를 찾았을 때는

어미는 이미 山이 되었더라

나는 늙어 지친 나를
어미山에 눕히다.

因緣

풀을
가까이 하면 풀물이 들고
꽃을 가까이 하면
꽃물이 든다는데

나는
무슨 물이 들어
어떤 향내를 내랴.

나눔

배고프냐
네 배가 고프면
네 이웃의 배도 고프니

배부르냐
네 배가 부를수록
네 이웃의 배가 고프니

나눠 먹으라

까치밥

다 거두지 말고
까치밥은 남겨두어라.

나눔

무거우냐
네 이웃의 등짐도
무거우니

가벼우냐
네 이웃의 등짐이
무거우니

나눠지라

길

가지 못할 곳만 보느니

눈앞에
돌부리나 치우시게

그대
뒤에 오는 이
넘어질까 두려우니

길

멀도
남은
길

늙어
살도

더디
쉬어

구름
바람

어렁
더렁

헤실
헤실

웃어
가세.

사랑

눈을 감아야
보이는 거라면

내
눈을 감아 永永 깨지 않으리

바다

바다가
나에게
謙遜을 强要하는 것은
작은 옹달샘을 記憶하기 때문에서다.

希望

비어 있다
絶望마라

貧者여
채울 수 있는
希望이니

저기
貧 하늘을 보라

밤이면
별들로
가득 차지 않더냐

肉情花

肉
삶아서 空으로 하나 주랴

죽어서
팔팔한 蔘

二八青春이
功利를 取하랴

肉 하나
철철 넘치느니
肉情이라.

肉情花

女子가
꽃집에서
꽃을 팔더라

지나다
肉情花를 包裝하자 하였더니

女人네
化粧하고

꽃이 벌더라

陸肉
사철

팔아서
팔아서

한 女人을
痲藥같이 사랑

하였느니
肉情이라.

回想 1

어설픈 낚시질로
世上을 낚으려하였다니

밑밥으로 던져 준
歲月이
虛妄하여라

歲月
다 蕩盡하고
늙어서야

世上事
無常함을 알았어라.

回想 2

아서라
부질없다

꽃잎 진다
잎새 진다
설워마라

때가 되면
지느니
生이라

가는 歲月
막는다고
꽃잎이
잎새가 永遠하랴

아서라
부질없다

꽃이

아름다운 건
지기 때문에서라.

風難日記

風蘭이 꽃을 피웠어요

二十餘年 前
春蘭이 내 집에 와서
봄 한 때
꽃을 피우고서

이제야
初여름
風蘭이 꽃을 피웠지요

二十餘年
그 사이
숱하게 蘭을 키우고 가꾸어도
꽃을 피우지 못하더니

꽃이 필 만 하면
避難 가듯이
移徙 다니느라
못 피운 꽃을 이제야 피웠어요

그런 걸 보면
季節은 歲月과 無關하게
오가나봅니다.

바벨塔

담쟁이 넝쿨처럼
하늘 끝
오르는 摩天樓

사람들은
神을 짓밟아 하늘에 오르고
짐승이 되었다

歷史의 循環고리에서
이 땅은
바벨의 時代에 들어 선 게다

사람아
가까운 날에
言語를 잃고
塔은 虛妄하리라

무너진 塔에 깔려
너의 무덤이 되리라
神이 잠든 바벨의 時代여.

꿈에나 故鄕 가 살지

내 故鄕은
以北이라네.

가도 못가는
낮에는
北이 보이는 恨歎
江邊에 살고

밤에나
꿈에나

가도 못가는
故鄕 가 산다네.

成形美人

成形工場에 들어 간 女子들이
失踪 되었다.

工場에서 나오는 건
演藝人 닮은 演藝人 같은
出處不明의 마네킹이 걸어 나오고
마네킹은 쇼 - 윈도에 陳列되고

如前히
成形工場에 들어 간 女子들은
失踪 中이고

밤이면
쇼 - 윈도의 마네킹은 化粧을 하고
華麗한 外出을 한다
보여주기 위하여.

후기(後記)

後記

나는
個人的으로
詩人은
作品에 對해서는
徹底하게 利己的이어야
한다고 생각 한다.
이는
自己 作品에 限한 것이다.
詩人은
徹底하게
自己만의 색깔로
自己만의 목소리를 내야 한다는 것이다.
허나
이러는 나는 잘하고 있는지
나는 徹底하게 利己的인지는 모를 일이다.
나만의 색깔로
나만의 목소리를 내고는 있는지.

詩瑚林 草天齊에서
峭命思江

思江詩釣

김사강 시집

인 쇄 2016년 9월 1일

발 행 2016년 9월 5일

지은이 김사강

발행인 서정환

펴낸곳 신아출판사

주 소 전북 전주시 완산구 공북 1길 16(태평동 251-30)

전 화 (063) 275-4000 · 0484 · 6374

팩 스 (063) 274-3131

이메일 shina2347@naver.com sina321@hanmail.net

출판등록 제465-1984-000004호

인쇄 · 제본 신아출판사

저자와 협의, 인지는 생략합니다.

잘못된 책은 바꿔 드립니다.

값 10,000원

ISBN 979-11-5605-357-6 03810

이 도서의 국립중앙도서관 출판시도서목록(CIP)은 서지정보유통지원시스템 홈페이지(http://seoji.nl.go.kr)와 국가자료공동목록시스템(http://www.nl.go.kr/kolisnet)에서 이용하실 수 있습니다.(CIP제어번호: CIP2016021104)

Printed in KOREA